Un cadeau pour

De la part de

UN LIVRE-CADEAU HELEN EXLEY

PAUVRE MAMAN !

UN LIVRE POUR LUI DIRE MERCI !

Ma mère est une femme
qui a eu beaucoup
de problèmes dans sa vie.
La plupart
à cause de moi...

DIANA BRISCOE

Quelquefois, quand je fais de grosses bêtises,
elle fait semblant de ne pas me voir.

CAMILLE, 8 ANS

Quand j'embête trop mon frère, elle m'envoie au lit sans dîner. Je me dis toujours que je ne le ferai plus, mais je le refais quand même.

MORGANE, 8 ANS

Ma mère est
très très patiente.
Avec cinq enfants,
quatre chiens et deux
boulots, ça vaut mieux.

MARION, 12 ANS

Les mamans défient les règles
de l'espace-temps. La preuve : elles sont là
partout où on a besoin d'elles,
chaque fois qu'on a besoin d'elles.

MATHILDE & SÉBASTIEN FORESTIER

Ce qu'une mère mérite

Un énorme bouquet
de fleurs.

Des créations
de grands couturiers.

Des diamants, des saphirs
et des pierres précieuses.

Vivre dans
le jardin d'Eden.

L'enfant le plus
merveilleux du monde.

Ce qu'une mère reçoit

Un pissenlit fané.

Une pile de linge sale.

Des galets ramassés
sur la plage.

Un jardin plein de
mauvaises herbes.

Moi.

Bon ben, un sur cinq,
c'est pas si mal!

MATHILDE & SÉBASTIEN FORESTIER

Instinct maternel

En pleine nuit, les mères
peuvent s'occuper d'une quinte
de toux, d'un nez qui coule,
d'un cauchemar ou d'un petit
ventre dérangé par un abus
de pommes trop vertes,
même si elles sont encore
à moitié endormies.

ODILE DORMEUIL

Les mamans font face d'une façon
exemplaire quand il arrive quelque
chose à leurs enfants,
que ce soit un examen raté
ou une chute de vélo.
Elles sont rongées par l'inquiétude
et imaginent le pire dans leur tête;
mais en même temps, elles sourient
d'une façon rassurante
et disent calmement :
«Ne t'inquiète pas, tout ira bien».

BRIAN MCLEAN

Le docteur soigne, l'infirmière met un pansement, mais il n'y a que les bisous de Maman qui font qu'on n'a plus mal.

MATHILDE & SÉBASTIEN FORESTIER

Une mère, c'est une femme qui travaille au moins 25 heures par jour, mais qui trouve quand même une heure pour jouer avec ses enfants.

IRIS PECK

Si douce

Elle fait semblant
d'être en colère, mais
elle continue à me gâter.

HÉLÈNE THOMAS

Une mère ne tolère pas
les bêtises. Enfin, presque pas.

CAROLINE RAMUZ

4h du mat'

Une mère est une femme
qui a l'air surprise et ravie quand
ses enfants lui apportent le petit
déjeuner au lit à 4h du matin,
le jour de la Fête des Mères.

LISA ROCHAMBEAU-LAPIERRE

La Fête des Mères est le jour
de l'année où les mamans ne doivent
pas faire le ménage, ni la lessive,
ni le repassage, ni la vaisselle.
Ce jour-là, pas de tâches ménagères.
Le seul problème,
c'est que le lendemain, il faut bien
rattraper le retard !

MATHILDE & SÉBASTIEN FORESTIER

N'importe quelle mère
peut cumuler, sans difficulté,
la charge de travail de plusieurs
contrôleurs aériens.

LISA ALTHER

Toutes les mères ont un handicap
physique grave : elles n'ont
que deux mains.

ANONYME

Depuis la nuit des temps,
les mères ont toujours été capables
de faire au moins
six choses à la fois.

VICTORIA TRUDEAU

La loi de la mère de famille est implacable : quelqu'un a impérativement besoin d'elle dès qu'elle s'assoit.

MAUREEN VALENTINE,
HIGHLINE NEWS, SEATTLE

Pourquoi tous les membres de la famille se croient-ils obligés de crier : «Mamaaaan, le chat a vomi partout!» Pourquoi moi ?

ANNELOU DUPUIS

Tout le monde veut sauver la planète. Personne ne veut aider Maman à essuyer la vaisselle.

P. J. O'ROURKE

Comme le dit la Bible au sujet du dimanche : tu ne travailleras pas, ni ton fils, ni ta fille, ni ton serviteur, ni ta servante, ni ton bétail, ni même l'étranger qui est dans ta demeure. Pauvre, pauvre maman!

PETER CAREY, *HAUT VOL, HISTOIRE D'AMOUR*

Les chiffres : chaque jour une femme fait douze fois plus de travaux ménagers que son mari, et trente fois plus que ses enfants. Quand on aime, on ne compte pas...

MATHILDE & SÉBASTIEN FORESTIER

Il y a des tests d'endurance extrême :
l'ascension de l'Everest,
la traversée du désert de Gobi,
le tour du monde en solitaire,
être une mère.

ODILE DORMEUIL

Une heure passée avec un enfant
est l'équivalent d'une course
de 15 kilomètres.

JOAN BENOIT SAMUELSON, *NEW YORK TIMES*

Une mère ne peut qu'enfoncer sa tête dans le sable pour échapper au regard réprobateur des gens sans enfants, quand un bambin normalement très sage fait une crise, jette ses frites par terre dans un café, ou se raidit pour qu'on ne puisse pas l'asseoir dans sa poussette, avant de pousser des cris à n'en plus finir.
Mais le jour viendra où elle sera vengée, lorsque ces gens, à leur tour, connaîtront toutes les joies de la parentalité…

CAROLINE RAMUZ

Pause-café

Les voitures ont besoin d'essence,
les mères ont besoin
d'une bonne tasse de café.

MATHILDE FORESTIER

Des soucis! Rien que des soucis!

Chère maman, je vais bien.
Arrête de te faire du souci pour moi.

PAPYRUS ÉGYPTIEN

Les mères passent
tous les examens, participent
à tous les matchs, jouent
tous les rôles et sont encore plus épuisées
que leurs enfants.

ODILE DORMEUIL

Les mères savent toujours quoi faire
en cas d'accident.
Elles ont répété tous les scénarios.

FATIMA BOUTROS

Avant d'avoir des enfants, j'étais insouciante
et j'avais l'esprit d'aventure. Maintenant,
je suis obsédée par les ceintures de sécurité
et je regarde les avions avec angoisse,
convaincue qu'ils risquent de s'écraser
sur l'école de mes enfants.

MARGARET DRABBLE

Attention : bébé!

Il est fortement déconseillé de pointer son nez dans la chambre de bébé pour voir s'il dort. Il dormait.

FAITH HINES

Les femmes perçoivent des fréquences plus élevées que les hommes. Ce qui veut dire qu'il leur est beaucoup plus facile d'entendre un bébé pleurer.

MATHILDE & SÉBASTIEN FORESTIER

Les problèmes intestinaux de bébé
semblent se déclencher automatiquement
quand vous mettez la voiture en marche,
quand vous l'habillez de blanc,
que vous recevez un ami un peu guindé, ou
encore que vous montez à bord d'un avion.

ANNELOU DUPUIS

Un bébé ne se conduit mal que si c'est
extrêmement embarrassant pour sa mère.

PIERRE GRANIER

Jeunes mères extatiques

Bien avant de savoir parler,
un bébé réalise que le charme paye.

ODILE DORMEUIL

Chères mamans, qui regardent leurs
nouveaux-nés avec amour…
Ne gâchons pas leur plaisir en leur
disant que ces petits anges seront
bientôt des adolescents.

VICTORIA TRUDEAU

Une toute petite fille qui vient
de naître, c'est la promesse,
pour très bientôt,
d'une énorme note de téléphone.

MATHILDE & SÉBASTIEN FORESTIER

Être mère, c'est appeler le docteur pour un enfant fiévreux qui est en pleine forme le temps qu'il arrive, et ne pas oser le déranger à nouveau quand l'enfant a une crise d'appendicite.

KATHARINE WHITEHORN,
SEULEMENT LE DIMANCHE

Le travail d'une mère,
c'est de vous aimer
et de laver vos
chaussettes sales.

SALLY ARTHY

A mon avis, sa plus grande réussite,
c'est de m'avoir eu, mais il y a peut-être
des gens qui ne sont pas d'accord.

TIMOTHÉE, 12 ANS

Je n'échangerais ma mère
contre rien au monde… à part peut-être
contre un nouveau vélo.

MATHILDE & SÉBASTIEN FORESTIER

Gros bêta!

C'est la seule personne qui pleure quand vous faites quelque chose de mal, mais qui pleure encore plus fort quand vous faites quelque chose de bien.

ROBIN, 14 ANS

Une mère est un parent de sexe féminin. Quelqu'un qui fait les lits et la lessive. Quelqu'un qui vous réveille trop tôt et qui vous empêche de vous coucher tard. Quelqu'un qui vérifie toujours que vous avez bien fait vos gammes au piano.

LUCIE, 11 ANS

Les mères sont des vautours qui vous tournent autour et vous obligent à balayer les feuilles, ou à faire votre lit. Elles ne vous lâchent pas et vous font de longs discours sur la vie en général, et la manière de bien faire son lit en particulier.

ELYAS, 12 ANS

Une mère est quelqu'un qui vous demande de faire quelque chose quand vous êtes sur le point de faire quelque chose d'autre.

ALICE, 12 ANS

Tout homme en veut toujours un peu au tyran domestique qui l'a obligé à manger des épinards et à se nettoyer les oreilles.

KATHARINE WHITEHORN

Les mamans sont très gentilles,
sauf quand elles trouvent du chewing-gum
écrasé sur la moquette.

CÉLINE, 10 ANS

Des fois, elle se met en colère. Un jour, elle était tellement énervée qu'elle nous a dit de préparer notre petit déjeuner nous-mêmes.

MARC, 9 ANS

Quelquefois, je me dis qu'elles sont autoritaires et toujours de mauvais poil. Mais à la réflexion, je me dis que ça doit être difficile d'être une maman. Il faut faire le petit déjeuner, la vaisselle, les courses, la cuisine, refaire la vaisselle, aller chercher les enfants à l'école. Pas étonnant qu'elles nous demandent de ranger nos affaires ou d'aller chercher notre goûter nous-mêmes. Je ne sais même pas comment elles ont eu l'idée de devenir mères.

KEVIN, 15 ANS

Les mères sont des gens qui vous attendent en se faisant du souci pour vous. Et quand vous rentrez à la maison, elles vous crient dessus.

MILAN, 13 ANS

Les mères explosent comme des volcans quand on met de la boue sur le plancher. On dirait des monstres préhistoriques, des voitures qui calent sous la pluie. Quand on appuie sur la sonnette, quand le téléphone sonne ou que le bébé pleure, elles se mettent en rogne et courent dans tous les sens. La mienne fait ça, en tout cas.

ARTHUR, 12 ANS

Les mères au travail

Une mère qui ne travaille pas, ça n'existe pas.

HESTER MUNDIS

Ma mère ? Elle forme des chefs d'entreprise et elle lave mon linge.

BEN TIDY

Au travail, vous pensez aux enfants que vous avez laissés à la maison. A la maison, vous pensez au travail que vous n'avez pas fini. C'est un tel dilemme. Votre cœur est sans cesse coupé en deux.

GOLDA MEIR (1898–1978)

C'est quasiment impossible d'écrire
un grand roman, une œuvre immortelle,
quand 24 heures sur 24,
on essaye d'anticiper les bêtises
que les enfants vont faire.

LISA ROCHAMBEAU-LAPIERRE

Combien faut-il d'enfants pour sortir la poubelle ? Aucun, Maman le fera !

MATHILDE & SÉBASTIEN FORESTIER

Dans toute leur vie,
il n'y a pas une demi-heure
(sauf avant que tout le monde ne
se lève, ou après que
tout le monde est couché)
où les femmes peuvent faire
ce qu'elles veulent,
sans craindre d'offenser quelqu'un
ou de lui nuire.

FLORENCE NIGHTINGALE (1820–1910)

A tout âge, une mère observe ses enfants adultes dans l'espoir de les voir faire des progrès.

FLORIDA MAXWELL (1883–1978)

Les mères se jurent qu'elles vous laisseront
vivre votre vie sans se mêler
de ce qui ne les regarde pas.
Mais elles ne peuvent pas s'empêcher de
téléphoner pour savoir si vous avez assez de
chaussettes et si vous mangez équilibré.

ODILE DORMEUIL

A mon avis, c'est la faute à Rousseau.
«L'homme est né libre», tu parles!
L'homme n'est pas né libre, il est né attaché
à sa mère par un cordon,
et il n'est pas capable de prendre soin
de lui-même pendant au mois sept ans
(soixante-dix dans certains cas).

KATHARINE WHITEHORN

Ah, si seulement je pouvais
être deux fois moins merveilleuse
que je ne l'étais aux yeux
de mon fils quand il était petit,
et deux fois moins stupide
qu'il ne le pense, maintenant
qu'il est adolescent!

REBECCA RICHARDS

Je suis persuadée qu'une mère a le
devoir de faire honte à ses enfants.

CHER

On sait qu'on a bien fait son travail
de mère quand nos enfants
rejettent toutes les valeurs
qui nous sont chères.

GLENDA JACKSON

Les générations se suivent (... et se ressemblent)

Dès que nos benjamins ont
appris à mettre un peu d'ordre
dans la maison, les premiers
enfants de nos aînés
s'emploient à restaurer
le désordre familier.

CHRISTOPHER MORLEY (1890-1957)

Un peu de bouillie sur votre robe, un peu de biscuit écrasé dans vos cheveux… ce sont les médailles attribuées à toutes les bonnes mères. Soyez-en fière!

CHRISTINE HARRIS

Comme un Noé bienveillant,
enthousiaste et compréhensif,
elle a conduit avec adresse son arche
remplie d'étranges rejetons
à travers les tempêtes
de la vie, jamais à l'abri d'une
mutinerie, bravant les risques de dérive
et d'extravagance, jamais certaine
que ses principes de navigation
seraient du goût de son équipage...

GERALD DURRELL (1925–1995),
MA FAMILLE ET AUTRES ANIMAUX

Le cri de ralliement de Maman
permet de rassembler les troupes
rapidement, quel que soit l'endroit
où se trouvent ses petits soldats...
« A taaaable! »

MATHILDE & SÉBASTIEN FORESTIER

Merci d'être ma maman...

Être mère :
la tâche la plus ardue du monde,
la tâche la plus difficile du monde,
la tâche la plus ingrate du monde,
mais la tâche la plus importante
et la plus merveilleuse du monde.

MATHILDE & SÉBASTIEN FORESTIER

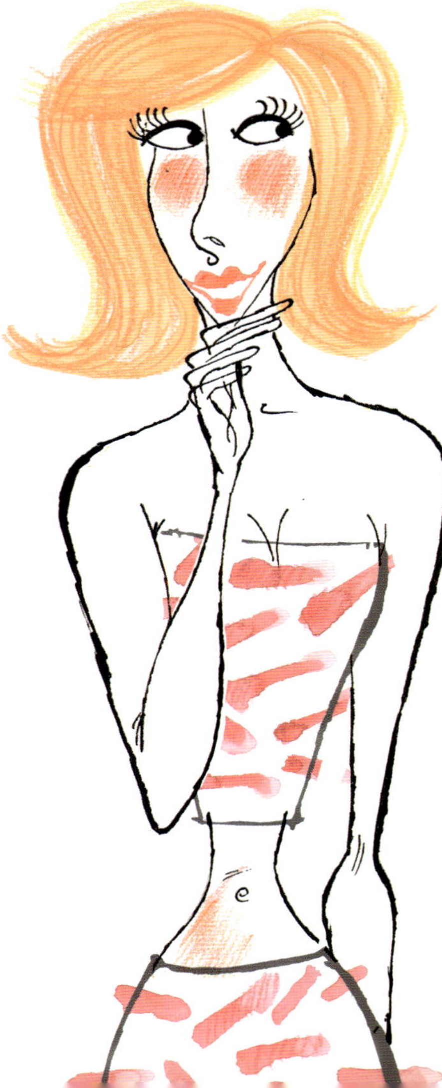

Les mères:
40% d'intuition,
50% de dur labeur,
110% d'amour.

AMANDA GIBSON

Merci !

Je ne m'étais jamais rendue compte
que les mères étaient attachées aux objets,
jusqu'à ce que je casse ta jolie théière
avec des roses. Tu as pleuré...
Tu m'as dit que les gens étaient plus
importants que les théières mais,
à ce moment-là, je crois que les théières
n'étaient pas loin derrière. Attends que je
sois riche : je t'achèterai une théière en or.

ODILE DORMEUIL

Helen Exley

Les livres-cadeaux d'Helen Exley, célèbres dans le monde entier, se vendent à plus de cinq millions d'exemplaires par an. Ces ouvrages nous parlent de la famille, des amis, de l'amour, mais aussi de la sagesse, de la paix intérieure, et des valeurs qui nous sont indispensables pour construire un monde meilleur.

« J'ai créé une bonne douzaine de livres sur les mères et les filles. La maison Exley, d'ailleurs, est une affaire de famille, fondée sur cette relation mère-fille et sur les rapports familiaux en général, que je considère comme essentiels. En tant que mère et fille moi-même, je me suis reconnue à maintes reprises à travers ce petit livre – j'ai ri et j'ai pleuré plusieurs fois en le mettant sous presse. Et j'ai eu honte, aussi, de ne pas avoir pensé plus souvent à dire merci à ma propre mère, une maman merveilleuse à qui j'ai causé bien des soucis. N'oubliez pas de remercier la vôtre de toutes les manières possibles et, lorsque le moment sera venu, de pardonner à vos propres enfants. »

Rowan Barnes-Murphy

Les dessins humoristiques de Rowan Barnes-Murphy sont drôles, percutants et complètement déjantés.
Ses caricatures plus vraies que nature sont appréciées par un large public, et animent des publicités aussi joyeuses que diverses pour des voitures, des vêtements, des téléphones portables, des supermarchés et des agences bancaires, ainsi que des cartes de vœux.

Autres livres dans la même collection :

La crise de la quarantaine

Papotages !

On n'a jamais fini !

Les femmes aiment les choses simples...

les hommes par exemple !

13, rue de Genval – B1301 Bierges

info@helenexley.fr - www.helenexley.fr

Pour l'édition française : Lise-Eliane Pomier et Florence Thomas

DL : 7003/2009/05 - ISBN : 978-2-87388-453-6

1 3 5 7 9 11 12 10 8 6 4 2

Crédits : Les éditeurs remercient les détenteurs des droits suivants pour leur aimable autorisation à reproduire des textes sous copyright. PETER CAREY : extrait de *Vol de Peter Carey*, publié par Faber & Faber Ltd., 20 Powis Mews, Londres W111JN. GERALD DURELL : exrtait de *Ma famille et autres animaux* de Gerald Durell, Publié par Puffin Books. Reproduit avec l'autorisation de Curtis Brown Group Ltd, Londres en faveur de la Fondation de Gerald Durell. Copyright © Gerald Durell 1956.